LA

PHILOSOPHIE

MISE A LA PORTÉE

DE L'ENSEIGNEMENT PRIMAIRE

PAR

J. D.

CHAMBÉRY

IMPRIMERIE NOUVELLE, AVENUE DU CHAMP-DE-MARS

1901

LA

PHILOSOPHIE

MISE A LA PORTÉE

DE L'ENSEIGNEMENT PRIMAIRE

PAR

J. D.

CHAMBÉRY

IMPRIMERIE NOUVELLE, AVENUE DU CHAMP-DE-MARS

—

1901

LA PHILOSOPHIE

MISE A LA PORTÉE DE L'ENSEIGNEMENT PRIMAIRE

Montrer l'inanité de tout surnaturel,
voilà la cure radicale du fanatisme.

E. RENAN. — *Marc-Aurèle*, page 346.

AVANT-PROPOS

Philosophie est un mot grec, qui signifie amour de la sagesse.

Les anciens Grecs donnaient ce nom de sagesse à la connaissance de tout ce qu'il importait à l'homme de savoir, c'est-à-dire à la science universelle, confondant, dans la même expression, la science et la sagesse, parce que celle-ci est la conséquence de celle-là, comme l'erreur est inséparable de l'ignorance.

La science universelle constituait pour eux la connaissance des choses réelles, des choses de la nature ; et comme la nature avait en leur langue le nom de physis, ils donnaient le nom de métaphysique à l'enseignement qui suit l'étude des choses physiques ou naturelles ; *les meta la physica*, et, par abréviation, la métaphysique était l'étude de ce qui ne doit arriver qu'après la physique.

De nos jours, nous appelons, science, l'étude analytique de l'univers ; philosophie, la recherche de la vérité par la synthèse des sciences ; et métaphysique, l'interprétation systématique de l'univers.

Je pense que les couches sociales ne recevant que l'instruction primaire, ne doivent pas être tenues à l'écart de la philosophie ; il est à craindre que la démocratie devienne la dupe de doctrines dangereuses pour elle ; on croit toujours ce qu'on a intérêt à croire.

SCIENCE

La science est l'étude de l'univers par l'observation expérimentale. Elle se borne à analyser les faits relatifs à une catégorie d'observations.

L'univers est l'ensemble de ce qui existe. Dans la nuit, nos yeux en aperçoivent la partie qui leur est accessible depuis notre planète ; dans le jour, ils voient le soleil et le monde terrestre.

L'observation de l'univers, sous des aspects différents, spécialise les sciences. Le nombre de celles-ci va croissant avec les conquêtes dans l'étude des faits.

Comme l'observateur est l'homme, la première connaissance à acquérir est celle de l'homme. Le sujet doit se connaître avant d'examiner l'objet.

L'étude des organes humains est l'anatomie, l'histologie, la physiologie, la psychologie ; celle de leurs infirmités, la médecine.

L'étude des races humaines est l'ethnologie ; celle du milieu social, la sociologie ; celles des diverses sociétés, l'ethnographie ; celle des sociétés préhistoriques, l'archéologie ; celle des événements humains, l'histoire. L'étude des rapports des hommes entre eux est la morale ; celle de leur sentiment à l'égard de l'univers est l'étude de leurs religions.

On pourrait grouper sous le nom d'anthropologie toutes ces sciences relatives à l'homme dans le temps, le nombre et l'espace.

Après s'être étudié lui-même, l'homme étudie les quantités, en mathématiques ; les dimensions, en géométrie ; les corps simples et leurs combinaisons, en chimie ; les forces, en physique ; les animaux, en zoologie ; les plantes, en botanique ; la vie, en biologie ; la terre, en géologie, etc.

Puis, il observe les astres, et l'astronomie lui apprend leurs mouvements et leurs constitutions.

Telle est la nomenclature des principales sciences.

Leur nombre va croissant, parce que chaque découverte nouvelle ouvre une étude nouvelle sur les rapports des choses entre elles. C'est ainsi que l'astronomie a débuté par être astrologique, puis cosmographique, puis géométrique, physique, chimique, spectroscopique, photographique, etc.

Après l'analyse de l'univers, l'homme fait la synthèse des sciences pour découvrir la vérité. C'est la philosophie. Et il procède à l'aide de la logique.

En raison de sa nature, l'homme ne peut se passer d'interprétation. La science et la philosophie le laissent insatisfait. Il imagine alors des explications plus ou moins basées sur des probabilités et il conçoit la métaphysique ; l'au-delà du physique, du réel. Depuis les temps historiques, l'homme modifie ses systèmes métaphysiques, à mesure que la science lui démontre l'erreur de ses interprétations précédentes.

Mais, revenons à la science.

Par la connaissance des rapports existant entre les choses, elle formule des lois.

L'étude de l'homme doit précéder les autres sciences, pour celui qui veut faire leur synthèse, c'est-à-dire pour le philosophe.

Car il est évident que l'observateur doit se connaître

pour ne pas être exposé à prendre des illusions pour des certitudes.

L'anatomie, la physiologie et la psychologie d'une part, la zoologie, la géologie et l'astronomie d'autre part, nous apprennent que l'homme est un animal terrestre supérieur aux autres mammifères par ses facultés mentales, autrement dit par les fonctions de son système nerveux. La chimie et la biologie nous démontrent que nous sommes constitués avec les mêmes éléments que les astres, c'est-à-dire hydrogène, oxygène, carbone, azote, etc. D'où cette première certitude : l'homme est une partie de l'univers.

Mais qu'est-ce que savoir ?

Voici un exemple : Je prends un caillou et je constate qu'en tombant sur mon pied il me fait mal.

Pour la vision, je constate que mon œil, instrument d'optique, de construction analogue à un appareil photographique, recueille les images des objets. Il transmet l'impression, provoquée sur lui par la lumière, à certains centres de mon système nerveux ; et j'ai conscience de la sensation visuelle. J'ai vu le caillou tomber sur moi.

Pour la douleur, le contact du caillou avec mon pied a été transmis par mes nerfs à mon cerveau, et j'ai eu conscience d'une souffrance au point frappé.

Mais comment le nerf optique de mon œil transmet-il à mes centres nerveux les vibrations de l'éther appelées lumière ? Comment ce qu'il transmet devient-il sensation consciente ? Comment les nerfs de mon pied et les faisceaux de ma moelle communiquent-ils à mon cerveau le mouvement, l'énergie du caillou ; et comment cette énergie devient-elle douleur pour moi ? Questions insolubles.

Nous verrions bien encore la modification subie par les éléments nerveux, nous ne connaîtrions pas la nature de l'énergie agissant sur eux, ni celle de la sensation éprouvée par la conscience.

La transformation du mouvement en phénomènes de conscience, vision, douleur, reste ignorée.

Nous ne savons que l'enchaînement des faits.

Dans cet enchaînement, le fait déterminant — l'énergie — reste en dehors de notre savoir pour tout ce qui concerne sa nature ; et le fait déterminé — la sensation — bien que consciente, reste aussi en dehors de notre savoir en ce qui concerne sa nature.

Qu'est-ce qu'une énergie ? Qu'est-ce qu'une sensation ? En leur essence, je l'ignore. Je ne sais que leur enchaînement. La lacune de ma connaissance consiste précisément dans la conscience de la transformation d'une force en sensation.

Il en est ainsi pour toutes nos observations ; le pourquoi du pourquoi nous échappe.

Autre exemple : je place une graine dans des conditions favorables de germination : lumière, chaleur, terreau nutritif, eau, engrais, etc., et il pousse une plante. Comment la lumière et la chaleur provoquent-elles le développement de la tige, des racines, des feuilles, etc. ? Je ne sais.

Autre expérience. Je fais chauffer du soufre et du fer. Il en résulte un corps, le sulfure de fer, qui n'est ni soufre, ni fer. Je peux le ramener à ses éléments constitutifs par l'action d'une autre énergie, l'électricité. Toutes ces mutations me sont connues avec précision. Je commande aux substances et aux énergies, elles obéissent fatalement : leurs modifications sont inéluctables pour elles et pour moi ; mais le pourquoi me reste inconnu. Je ne sais que l'enchaînement des phénomènes. Cet enchaînement du fait déterminant et du fait déterminé a reçu le nom de déterminisme.

La science ne sait que le déterminisme. L'homme ne connaît que des états de conscience.

États de conscience, connaissance, savoir, tout se

résume à la sensation. Et l'inconnaissable, c'est pourquoi nous l'avons.

L'emploi des mots, cause et effet, devient facilement une source de malentendus, parce que nous sommes portés à prétendre connaître la cause du fait déterminant, alors que nous n'avons que la sensation de la modalité, de la qualité, ou de l'intensité de l'énergie agissante. Dire, par exemple, que la chaleur est la cause de la fusion du plomb, c'est ne savoir que la cause apparente du phénomène. La cause absolue est inconnaissable, puisqu'elle est la connaissance de cette forme de l'énergie, appelée chaleur, dont la nature est inconnue.

En attachant aux mots, cause et effet, un autre sens que celui de fait déterminant et fait déterminé, ou, en d'autres termes, point de départ et point d'arrivée d'un mouvement dans un phénomène, nous devenons dupes de notre langage.

Donc en dehors du déterminisme, tout est inconnaissable.

C'est pour cela qu'on dit que nous ne connaissons que des apparences. Je reviendrai sur le sens de cette expression.

L'anatomie, la physiologie et la psychologie nous apprennent ce qu'est une sensation.

J'ai parlé de sensation consciente ; peut-il y avoir des sensations inconscientes ? Pouvons-nous sentir ce que nous ne ressentons pas ?

Il y a ici insuffisance du langage. Ainsi, notre estomac sent le contact des aliments ; notre poumon, celui de l'air ou d'un gaz irrespirable ; notre cœur, le sang qu'il lance dans les artères. Toutes ces impressions éprouvées par nos organes restent pourtant en dehors de notre conscience, puisque nous ignorons ces contacts. Néanmoins notre santé, notre bien-être, notre vigueur, notre tristesse, notre gaieté, en sont la résultante. Il y a donc des sensations organiques inconscientes.

Bien plus : nos yeux voient, nos oreilles entendent, notre main touche, en dehors de notre attention, tellement que la sensation reste, sinon inconsciente, au moins subconsciente.

Mais analysons la sensation consciente.

Exemple : Je vois le soleil. L'énergie appelée lumière pénètre dans mon œil, le nerf optique la transmet aux centres nerveux, il en résulte un quadruple fait déterminé en moi :

1° Un réflexe moteur — ma pupille s'est contractée proportionnellement à l'intensité lumineuse ; mouvement organique inconscient. La lumière a impressionné mon organe ; cette impression a été transmise par des nerfs à certains organes nerveux, qui ont renvoyé un mouvement à accomplir par cet organe, sans que ma conscience ait connu cela. C'est presque un mécanisme vital, comme celui des mouvements de la sensitive ;

2° La vue, sensation visuelle consciente, provoquée par les vibrations de l'éther dites lumière. Je vois le soleil.

3° Un sentiment ou émotion agréable ou pénible, plaisir ou douleur, suivant le cas, inséparable de toute sensation nouvelle — sentiment conscient susceptible de modifier mon organisme suivant le cas et de provoquer les battements du cœur, la rougeur, la pâleur de la face, etc.

4° Une interprétation de ce que ma conscience a recueilli.

Toute sensation est donc un phénomène nerveux complexe dont le fait déterminant est une énergie intérieure ou extérieure à ma personne, et dont l'aboutissant déterminé est quadruple : réflexe organique inconscient, sensation, sentiment et interprétation, tous trois conscients.

Autre exemple : Je mange un fruit inconnu : 1° il se produit un réflexe sur mes papilles du goût et mes glandes salivaires, l'eau me vient involontairement à la bouche, j'ai conscience de ce fait, mais non du réflexe organique qui l'a déterminé ; 2° sensation consciente de saveur et d'odeur ; 3° sentiment conscient de plaisir ; 4° interprétation de ma gustation.

L'étude des animaux nous apprend qu'ils ont comme nous les mêmes phénomènes nerveux ; seulement nous n'avons jamais observé chez eux le besoin d'interpréter ce qu'ils éprouvent.

Pour bien se rendre compte, chez l'homme, de ces phénomènes connexes des sensations, il faut les étudier chez le nouveau-né et l'enfant, parce que le développement des organes facilite l'étude analytique ; tandis que chez l'adulte ils sont difficiles à dissocier.

Jusqu'à présent, pour étudier l'homme, l'observateur s'est étudié lui-même. Il a analysé sa pensée, ses sentiments, ses raisonnements à une époque de la vie où les fonctions du système nerveux ont acquis toute leur complexité, au lieu de suivre le développement humain depuis le premier jour de sa naissance et d'observer progressivement comment notre pensée devient faculté de connaissance, de sentiments, de jugement, de volition. Victor Hugo n'était point poète le jour où il poussa son premier cri dans le monde ; Descartes, le grand philosophe, ne raisonnait point dans son berceau le 15 mars 1596. Et il aurait fallu à ce moment-là un choc sur le crâne de ces nouveau-nés pour nous priver de leurs œuvres incomparables. Leur pensée, comme la nôtre, a donc débuté par des phénomènes nerveux simples, des réflexes inconscients, des sensations premières, associées intimement à des sentiments de satisfaction ou de désagrément, des clichés de vie conservés en souvenirs, pourrais-je dire pour me faire mieux comprendre, clichés de souvenir et états de conscience actuels qui deviennent les éléments d'une comparaison, autrement dit un jugement, car comparer c'est juger. Puis le langage simplifie le jeu de la pensée en substituant des

sons, c'est-à-dire des images auditives, à des idées ou
images visuelles ou motrices. Pendant les six premiers
mois de sa vie, l'enfant, comme l'animal supérieur, pense
avec des idées, autrement dit des états de conscience, de
vision, de sensation, d'audition, de toucher, de mouvement, etc. Une fois qu'il sait parler, il pense avec des
mots, des sons, ce qui simplifie le mécanisme, en substituant la représentation convenue d'une chose à cette chose
elle-même. Plus tard encore, la lecture et l'écriture ap-
portent une nouvelle simplification, et l'esprit finit par
opérer sur des signes ou des symboles, pour ainsi dire ;
ce qui donne naissance à ce qu'on a appelé les idées abs-
traites.

Ce n'est pas quand l'homme a à sa disposition ce riche
emmagasinement intellectuel qu'il met près de vingt ans à
acquérir, qu'il faut étudier sa pensée ; elle est alors
d'une analyse inextricable, et on a peine à retrouver les
éléments primitifs. A ce moment-là, la pensée est devenue
une résultante : ce n'est plus un phénomène simple,
comme on se l'imagine. C'est l'arbre complet avec ses racines, ses branches, ses feuilles, ses fleurs, ses fruits, ses
parfums, etc. ; c'est le chêne de deux cents ans dans la
forêt. Comment le végétal est-il arrivé à ce point ? Retour-
nons à sa graine. Etudions son germe placé entre les
cotylédons ; et observons la tigelle minuscule qui en sort,
ses deux premières folioles ; le chêne est là tout entier.
De même, la pensée humaine a commencé par être une
sensation et un sentiment indissociables, d'une conscience
vague et fugitive, d'une nature toute réflexe, comme les
actions réflexes de tous les organes du corps. Puis elle
s'est précisée, complétée et compliquée, pour aboutir au
raisonnement, à la raison, à l'interprétation des choses.

Au moment de sa naissance, l'enfant ne voit, ni n'en-
tend rien. Cet être incomplet a la sensibilité générale des
tissus, le goût et l'odorat. Si on lui met un liquide amer

dans la bouche, ou un corps froid en contact avec sa peau, il manifeste son déplaisir. La sensation du froid s'accompagne, comme celle d'amertume, d'un sentiment désagréable ; sensation et sentiment, d'une conscience imparfaite, mais intimement associés à des réflexes organiques, qui sont : pour la peau, le frisson, et, pour le goût, la succion de l'objet en contact avec les lèvres.

Puis le système nerveux se complète, il éprouve les sensations nouvelles de l'ouïe, de la vue avec leurs sentiments connexes.

Plus tard, à six mois, la vue d'un objet brillant le fait sourire ; il tend sa menotte, le prend et le laisse tomber. Il a interprété sa sensation et son sentiment.

Quand il a deux ans, il casse son jouet pour en chercher le mécanisme.

L'analyse méthodique des émotions de l'enfant nous montre que chacun de ses sentiments est intimement lié à son origine avec une sensation, et que le besoin d'interpréter ce qu'il éprouve se développe conjointement avec son système nerveux.

Sentir est un mot pour exprimer deux phénomènes conjoints dans la conscience : la sensation et le sentiment. Toute sensation nouvelle est associée à un sentiment : pas de sentiment conscient indépendant à son origine d'une sensation.

Laissant de côté les réflexes organiques connexes des sensations, et le besoin d'interpréter celles-ci, nous constaterons que, pour un même objet, la vue d'un animal, par exemple, la sensation visuelle est à peu près identique chez chacun de nous, mais non le sentiment connexe. Je dis que la sensation est à peu près identique chez tous les hommes, à cause des légères imperfections organiques : myopie, daltonisme, oreille fausse, etc. Tandis que le sentiment est variable. Ainsi, la vue d'une araignée me répugne, alors qu'elle intéresse le naturaliste.

De l'identité de sensation pour un même objet, il résulte la possibilité de contrôler la sensation d'une personne par celle d'une autre ; puis la comparaison d'un sens par un autre. Ainsi, la sensation de chaleur est comparée avec la vue du thermomètre. La comparaison devient mensuration.

Il n'en est pas de même pour le sentiment ou l'émotion. Ni contrôle, ni comparaison, ni mensuration possibles. Autant de personnes, autant de sentiments divers.

La sensation contrôlée et mesurée devient la base de la certitude universelle.

Au contraire, le sentiment diffère suivant l'âge, le sexe, le tempérament, le temps, le lieu, l'époque, la race, la profession, la culture intellectuelle, etc. Pas de généralisation possible pour servir de base à la certitude.

Ainsi, l'indication d'un baromètre est indiscutablement admise par tous les humains sains d'esprit. Tandis que l'affection d'une mère pour son enfant est variable, suivant les races, les conditions sociales, les milieux, etc. Celui qui éprouve un sentiment, en voyant quelque chose, n'est jamais sûr que son voisin l'éprouve aussi. La preuve : l'art, la poésie, la religion sont l'expression des sentiments humains suivant les nations, les races, les individus et les siècles.

Non seulement la sensation reste identique à elle-même, mais encore le sentiment né avec elle s'altère. Ainsi, la première fois que je vois quelqu'un souffrir, j'éprouve de la pitié, mais ma pitié s'atténue et même je n'en ressens plus du tout une fois arrivé au poste d'élève chirurgien dans un hôpital. Je vois les choses toujours de la même manière, mais elles ne font plus naître en moi les mêmes émotions. Celles-ci s'atténuent et s'émoussent. Le sauvage et l'animal s'apprivoisent.

Le besoin d'interpréter les sensations et les sentiments n'apparaît chez l'enfant qu'en dernier lieu, à mesure que le système nerveux se complète.

Ce besoin d'explication est la caractéristique de l'humanité.

Les animaux supérieurs associent leurs sensations,
leurs émotions, leurs souvenirs, mais ne cherchent pas le
déterminisme des faits. Leur système nerveux manque
des centres nerveux spéciaux à cette recherche.

Ainsi votre chien sait ouvrir une porte, mais il n'inter-
prète pas le mécanisme de la serrure ; il associe ses sensations dans un but déterminé, il agit en conséquence,
mais il est impuissant à se rendre compte de l'enchaînement des phénomènes.

L'enfant, au contraire, a un tel besoin de s'expliquer
que, s'il est insatisfait des réponses de ses parents, il en
imagine de plausibles pour son entendement. Ainsi la
pluie, c'est quelqu'un qui verse de l'eau ; le vent, un
grand soufflet en mouvement ; une démangeaison, une
petite bête qui le mord ; les étoiles sont les bougies du
ciel.

A ce point de vue, l'homme en général n'est qu'un
grand enfant.

Que de temps il a fallu à l'humanité pour apprendre à
mesurer et contrôler ses sensations !

A l'âge de cinq ans, un ciel étoilé d'une nuit de Noël
m'étonna. J'avais vu la veille, dans une église, une crèche de Bethléem, au-dessous d'un ciel de papier bleu étoilé d'or, et je trouvai les vraies étoiles bien plus belles que
celles de la crèche. Mais je me figurai le vrai ciel comme
le ciel de carton de la crèche, sans me préoccuper sur
quoi il reposait, ni comment les étoiles y étaient attachées.
Ce beau ciel étoilé était une immense cloche à melon.

Plus tard, j'appris le nom des constellations dans mes
livres et la marche des astres et je comparai le ciel à une
machine très compliquée, une sorte d'horloge savante.
J'attribuai toutes ces merveilles astronomiques au travail
d'un être invisible et inconnu, créateur et architecte d'une

science immense, ayant fabriqué sa machine dans un espace préalablement vide.

Devenu plus grand, la lecture d'un livre d'astronomie
me stupéfia. Je me sentis impuissant à comparer l'univers. Je compris que je ne comprenais pas. La science
avait fait évanouir mes enfantines interprétations. Le malentendu des mots m'apparut.

J'ai dit : Nous ne connaissons les choses que par nos
sensations.

D'où cette objection : Si nous ne savons donc que ce
qui paraît être, comment parler de certitude ?

C'est encore un malentendu.

Qu'appelle-t-on certitude ? Qu'appelle-t-on apparence ?

Convenons que la certitude est la sensation contrôlée et
mesurée ; et réservons le mot apparence pour la sensation
douteuse ou illusoire.

Quand je tombe, ma chute est réelle et certaine pour
moi, elle ne peut être qu'une apparence pour celui qui me
voit confusément.

Autre exemple : Je mange une pomme, je ne puis pas
dire que je mange l'apparence d'une pomme.

En mangeant ce fruit, je ne connais pas son essence,
mais ses rapports entre lui et moi, rapports appelés
volume, saveur, poids, couleur, odeur, structure, composi-
tion chimique, etc. C'est là toute la certitude que je puis
en avoir ; il suffit de s'entendre pour ne pas confondre
cette réalité avec l'apparence ou incertitude.

La sensation mesurée et contrôlée est la base de la certitude universelle ; parce qu'elle est le fondement de l'observation et de l'expérience scientifiques.

Ainsi la chute d'un caillou, étudiée à l'aide des calculs,
a donné la loi de la chute des corps.

Newton, voyant tomber une pomme, au clair de lune,
rapprocha cette loi de la chute des corps avec celle du

mouvement de la lune autour de la terre, et arriva à identifier la pesanteur et la gravitation.

Puis la science, toujours par l'observation et l'expérience, identifia l'énergie mécanique avec la chaleur, celle-ci avec la lumière, celle-ci avec l'électricité. On arriva à la loi de la conservation de l'énergie.

Toutes ces connaissances reposent sur nos sensations.

« Le monde ne saurait être deviné, dit très bien le « grand chimiste et le grand penseur Berthelot. Toutes « les fois que nous raisonnons sur des existences, les « prémisses doivent être tirées de l'expérience et non de « notre propre conception ; de plus, la conclusion que l'on « tire de telles prémisses n'est que probable et jamais « certaine ; elle ne devient certaine que si elle est trouvée « à l'aide d'une observation directe conforme à la réalité. »

PHILOSOPHIE

La sagesse moderne comme la sagesse chez nos maîtres, les Grecs de l'antiquité, est la recherche de la vérité.

La vérité universelle nous est donnée par la certitude universelle, dont l'élément fondamental est la sensation mesurée et contrôlée, autrement dit, l'observation expérimentale.

La certitude des rapports des éléments de l'univers entre eux conduit aux lois scientifiques.

Le sentiment conjoint à toute sensation, est aussi certain que cette sensation ; néanmoins, il doit être éliminé de la recherche de la certitude, parce qu'il varie avec les hommes, les époques et les lieux. Le sentiment est personnel ; la sensation est générale.

Sur le sentiment on a établi l'art, la poésie, la religion, la métaphysique et la morale. Les vérités relatives en art, poésie, religion, métaphysique ne sont point universelles ; elles ne sont pas susceptibles d'être admises par tous les hommes sans contestation, comme les lois de la chute des corps, par exemple. Plus loin je reviendrai sur la morale, qui me paraît susceptible d'être rattachée à la science par son élément fondamental, la sensation.

Nous avons vu précédemment que la certitude de la connaissance est limitée au déterminisme, autrement dit à l'enchaînement des faits ; puisque tout fait se résume pour nous en sensation et que la sensation n'introduit pas dans notre conscience la connaissance de la nature intime des faits, je veux dire la connaissance de la nature de la substance, ni celle de l'énergie.

Chaque science apportant sa fraction de vérité universelle, la synthèse des sciences est la conception d'un plan d'ensemble pour l'univers. Quand cette synthèse ne sort pas des limites de la certitude scientifique, elle s'appelle positivisme. Le positiviste n'affirme rien qu'il ne le prouve, il s'interdit l'hypothèse.

La philosophie va plus loin. Elle recherche la vérité universelle en prolongeant la certitude en probabilité. De la loi scientifique, elle déduit logiquement et légitimement l'interprétation de l'univers par la probabilité ; elle conçoit une hypothèse aussi voisine que possible de la certitude ; elle échafaude son explication légitime sur le réel, sur la physique.

Ainsi : la physico-chimie démontre la conservation de l'énergie et l'indestructibilité de la substance. L'astronomie spectroscopique démontre l'identité de substance dans l'univers. Nébuleuses, étoiles, soleil, planètes, comètes, aérolithes sont carbone, hydrogène, fer, oxygène, azote, etc.

De ces deux certitudes on déduit une probabilité scientifique en raisonnant comme suit :

Puisque l'univers est oxygène, hydrogène, carbone, azote, fer, etc. (soixante et plus de corps simples) indestructibles en leur substance et énergie, son état actuel n'est qu'une phase de son existence Ses formes de nébuleuses, étoiles, soleil, planètes, comètes, etc., sont des phases de son évolution.

Puisqu'il est indestructible, il évolue, il a évolué, il évoluera par transformations successives indéfinies.

La géologie et l'astronomie nous apprennent en effet que les astres sont en évolution constante.

Donc l'univers est en perpétuelle évolution.

L'astronomie physique nous démontre aussi que l'univers est plein d'éther, dans lequel les astres ne sont que des agglomérats de corps simples : oxygène, hydrogène, carbone, fer, etc. Ces agglomérats sont vaporeux, liquides ou solides, chauds ou froids, à l'état de simplicité ou de combinaison chimique.

La physico-chimie nous démontre aussi que dans les corps la substance et l'énergie sont inséparables. Pas de substance sans énergie et pas d'énergie indépendante de la substance. L'observation expérimentale nous apprend que la substance et l'énergie ne sont qu'une différence de sensation pour nous ; ce qui nous parait distinct tient à ce que nos organes sont impressionnés d'une manière différente. Rien ne prouve qu'en réalité cette dualité existe ; qu'il y ait un élément substantiel associé à un autre élément dit potentiel ou énergique. Ainsi quand je palpe un caillou, j'ai deux sensations distinctes : celle de la résistance à mon effort musculaire, l'énergie, la pesanteur ; et celle de la forme matérielle, la substance. Mais, en réalité, c'est moi qui invente cette dualité. Il est possible qu'il n'y ait qu'un élément : la substance-énergie, dont le mode d'action sur moi se différencie en force et matière, substance et énergie, suivant la sensation que j'en ai.

On peut donc déduire cette probabilité scientifique : la substance et l'énergie (la matière et la force) ne sont qu'une seule et même chose.

De cette certitude que l'univers est plein d'éther ; et de cette probabilité que sa substance et son énergie indestructibles ne sont qu'un même élément sous deux apparences sensationnelles distinctes, on peut déduire cette autre probabilité que l'éther d'une part et la substance-énergie de l'autre ne sont que le même élément sous deux états de densité différente. La matière ne serait que de

l'éther condensé, et l'éther, que de la substance-énergie
infiniment raréfiée.

D'où cette conclusion hypothétique de l'unité et de
l'étendue sans limite de l'univers dans le temps, le nombre et l'espace. Lui seul existe. Il est en perpétuelle évolution par transformations inhérentes à sa nature intime,
puisque la science nous prouve que rien ne se crée, ni se
perd ou détruit. L'univers a toujours été, il sera toujours.
Il a évolué, il évolue, il évoluera en nébuleuses, étoiles,
soleils, planètes, satellites, etc. Notre système solaire
a été nébuleux. Il est maintenant condensé en astres
solides. Notre soleil n'est déjà plus aussi chaud qu'autrefois. D'étoile blanche, il est devenu étoile jaune ; il deviendra étoile rouge et s'éteindra. La terre a été vapo-
reuse, puis liquide et solide. La lune est un astre où la
vie est sinon finie, au moins à l'agonie. Il nous montre ce
que notre planète deviendra. Tout notre système solaire,
avec son cortège d'astres, est en mouvement dans l'espace interstellaire de la nébuleuse « voie-lactée ». Il y occupe à peu près l'espace qu'occuperait un grain de millet
dans une sphère de 20 kilomètres de rayon. Cet agglomé-
rat finira par se heurter à un autre semblable, car il se
meut et la courbe de son mouvement nous est connue.
La rencontre de ces astres éteints transformera l'énergie
choc en énergie chaleur, et ils redeviendront nébuleuse,
puis soleil et planète. Notre système solaire a déjà servi à
ces transformations ; de même que l'oxygène, l'hydrogène,
l'azote et le carbone de notre corps d'homme ont déjà servi
à faire des végétaux et des animaux, et qu'ils resserviront
encore, après notre mort, à en constituer d'autres jusqu'à
l'extinction du soleil.

L'univers est le mouvement perpétuel. Telle est l'hypothèse légitimement déduite des lois scientifiques.

D'autre part, l'anthropologie nous démontre que
l'homme n'est qu'une parcelle de l'univers, puisqu'il est

composé des mêmes corps simples. Lui aussi est une manifestation de l'indestructibilité de la substance et de l'énergie.

La géologie et la zoologie, toutes les sciences relatives à la planète et à ses êtres vivants ou disparus, nous apprennent que la Terre, en passant de la phase nébuleuse au satellite solaire qu'elle est maintenant, a condensé ses éléments constitutifs pour évoluer en atmosphère, océans, terrains, êtres animés. Les traces de cette transformation sont indiscutables.

De cette certitude scientifique on déduit cette probabilité que la substance-énergie, en s'organisant, en devenant vivante, a continué son mouvement en vertu de son indestructibilité, et que l'être vivant n'est qu'une spécialisation, une manière d'être de l'énergie universelle sur la terre. La conscience animale n'est que de l'énergie sous une forme particulière, comme la gravitation, la lumière, l'électricité, l'affinité chimique, les rayons X, etc., ne sont que des modes spécialisés de l'énergie totale de l'univers.

D'où cette conclusion que l'homme est, sur la planète Terre, la seule forme sous laquelle l'univers arrive à la conscience et à la connaissance de lui-même. L'homme est l'univers conscient.

Ces probabilités, prolongements de certitudes, aboutissent à l'unité dans la conception de l'univers. C'est le monisme, du mot grec *monos* qui signifie unité.

La philosophie est le prolongement probable et légitime des certitudes scientifiques pour arriver à la connaissance de la vérité.

Celle que nous venons d'exposer nous fait comprendre :

1° Que plus le nombre des certitudes augmente par les découvertes de la science, plus la synthèse effectuée par la philosophie nous rapproche de la réalité. Plus le plan d'ensemble est vrai ;

3° Elle nous démontre notre impuissance à connaître le pourquoi du pourquoi.

En effet, l'homme est la conscience que l'univers a de lui-même sur la planète Terre. Il est la connaissance du tout par la partie, la connaissance des rapports des éléments entre eux. L'homme est oxygène, hydrogène, azote, carbone, etc., organisés de manière à enregistrer ou subir l'action de ces mêmes oxygène, hydrogène, carbone, etc. ; en dernière analyse, l'homme est l'enregistrement de l'énergie des corps constituant l'univers, sur eux-mêmes. La sensation se résume à l'action consciente de l'énergie sur l'énergie, c'est-à-dire qu'elle est le prolongement d'un même mouvement émané de la substance totale. Ce mouvement, parti de la substance figurée sous forme « Soleil », par exemple, impressionne la substance figurée sous forme « organes humains », qui le répercutent en mouvement dit énergie psychique, sensation, sentiment, pensée. C'est quelque chose d'analogue à l'angle de réflexion égal à l'angle d'incidence sur le billard.

Pour que l'univers connût la nature de sa propre substance et celle de sa propre énergie, — et pas seulement un changement de direction de ses mouvements. — il faudrait qu'il impressionnât autre chose que lui-même. Il faudrait que l'énergie de l'oxygène, hydrogène, carbone, etc., influençât autre chose que de l'oxygène, hydrogène, carbone dont nous sommes faits. Ce qui n'est pas.

L'homme est donc bien sur terre la conscience de l'univers, puisqu'il est l'univers se connaissant lui-même.

Revenons sur le point principalement intéressant de cette certitude : l'indestructibilité de la substance et la conservation de l'énergie.

L'astronomie nous apprend que ni la terre, ni le soleil ne sont faits pour l'homme.

Supposons que notre soleil et ses planètes soient ramenés aux proportions d'un grain de millet, ce système astral occuperait dans l'univers la place que ce grain de millet tiendrait dans une sphère de vingt kilomètres de rayon ; ce grain d'un millimètre aurait vingt kilomètres à parcourir avant de rencontrer le premier soleil le plus rapproché de lui. Ces proportions respectives nous instruisent sur l'apparente fixité des étoiles. Tout le système solaire, ramené au volume d'un grain de millet, peut se déplacer de plusieurs fois son diamètre, sans que les instruments d'optique les plus puissants puissent constater le déplacement à vingt kilomètres de distance.

Et le nombre de ces grains solaires, avec leur cortége de satellites, est incalculable.

Notre système solaire, avec ses planètes, a été d'abord vaporeux, les comètes en sont peut-être des débris persistants.

Dans cette nébuleuse vapeur, toutes les formes de la substance et tous les modes corrélatifs d'énergie étaient contenus, comme dans la poignée de poudre est renfermé le déplacement du projectile. Avant qu'il n'y eût ni soleil, ni terre, ni lune, il existait ce qui deviendrait l'océan et ses marées.

La nébuleuse s'est condensée fatalement en noyaux, comme la vapeur d'eau devient la goutte liquide, puis le glaçon cristallin de neige, par la conservation de l'énergie.

La terre est devenue un solide enveloppé de vapeurs atmosphériques. La substance et l'énergie se sont modifiées en êtres vivants, par la conservation de l'énergie.

Les végétaux et les animaux ont évolué. La science nous montre leurs transformations successives dans le cours des époques géologiques, toujours par la conservation de l'énergie.

L'étude des animaux nous apprend que l'espèce actuelle, en se perpétuant, reproduit la forme ancestrale d'où elle provient ; et que le sujet de chaque espèce reproduit la phase ancestrale de son espèce.

Les espèces actuelles sont, par rapport à nous, l'aboutissant, sans interruption, de celles qui les ont précédées ; elles sont les précurseurs de celles qui en proviendront dans le cours des siècles futurs.

Observons le chien : ses variétés actuelles sont nombreuses. Il a des espèces voisines de la sienne : le loup, le renard, le chacal, l'hyène, etc. En remontant les temps quaternaires, on arrive à l'époque tertiaire, où existait une espèce, avec ses variétés bien entendu, lesquelles devaient aboutir au chien, au loup, au renard, au chacal, etc. Les espèces actuelles sont les filles d'une espèce qui, dans nos classifications, est devenue le genre. Ainsi de suite en remontant de l'espèce fille à l'espèce mère, du genre à la famille, et de la famille, à l'ordre, etc.

L'humanité est représentée par un grand nombre de races ou variétés, toutes nées par l'effet des modifications du milieu ambiant, de la nourriture, de la sélection naturelle dans la lutte pour l'existence, et d'autres causes naturelles que nous ignorons encore probablement.

Une tribu animale se propage ; elle s'étend, par le nombre de ses sujets, et occupe une plus grande surface. Par l'effet des modifications du milieu et d'apparitions d'aptitudes nouvelles, dans la lutte pour la vie, cette tribu animale s'est diversifiée ; la partie occupant le sud du continent est devenue inférieure en force, en nombre, ou de quelque autre manière, à celle habitant le nord ; cette dernière l'emporte ; la précédente disparaît. La disparition d'une variété creuse la différence entre les diversités qui vont se multipliant. Avec les siècles les changements insensibles aboutissent à la séparation des espèces.

Ainsi les sciences naturelles nous montrent comment, d'une part, les espèces de singes anthropoïdes sont l'aboutissant actuel d'un genre, qui, à l'époque tertiaire, était une espèce avec ses variétés ; d'autre part, comment

les races humaines actuelles sont l'aboutissant d'une espèce antérieure, laquelle provenait d'une autre sœur, à
l'époque tertiaire, du genre primate. Ainsi souche com-
mune pour deux espèces filles, le genre pithèque ou singe et le genre homme.

L'ignorance seule peut soutenir que l'homme vient du
singe, ou le singe vient de l'homme. L'un n'est pas plus
sorti de l'autre que le chien n'est sorti du loup ou réci-
proquement. Tous deux sont, l'homme et le singe, des
animaux imitateurs. Et Tarde nous a montré le rôle im-
portant de l'imitation dans notre espèce.

De toutes les modifications relatives à l'humanité, la
plus accessible à notre observation est celle du langage,
parce qu'elle n'exige pas le concours d'un nombre consi-
dérable de siècles pour se réaliser, comme les variations
organiques de l'espèce.

Notre langue française est une des variétés du langage
romain transformé. Mettant à part, bien entendu, le bas-
que, le breton et le flamand, débris probables des langues
de l'Aquitaine, de la Celtique et de la Belgique, qui exis-
taient lors de la conquête des Gaules par César, le fran-
çais, ou le langage du royaume de France, a prédominé
sur les langages d'oïl et d'oc (Wallon, Picard, Normand,
Champenois, Franc-Comtois, Morvandiau, Bourguignon,
Limousin, Auvergnat, Savoyard, Provençal, Toulousain,
Navarrais, etc.), parce que ceux qui le parlaient l'ont em-
porté en politique sur les autres États féodaux, après le
démembrement de l'empire de Charlemagne.

Il en a été de même pour le Portugais, l'Espagnol,
l'Italien, le Roumain.

Ces langues ont eu la primauté sur leurs congénères.
Dans l'antiquité, il en avait été de même pour le latin,
qui avait vaincu l'osque, le sabin, l'étrusque, le samnite.
Mais les langues latines, grecques, celtiques, germani-
ques, slaves n'étaient que la transformation d'une variété

plus ancienne, la langue aryenne ou européo-hindousta-
nique, avec ses patois.

Même phénomène pour les familles des langues sémiti-
ques et touraniennes.

Ainsi, la diversité des êtres vivants a coïncidé, dans le
cours des siècles, avec l'extinction des races vaincues,
soit par leurs adversaires, soit par le milieu ambiant.

Pour en revenir à l'humanité, on peut se faire une idée
de ce qu'elle était en intelligence, en observant le nouveau-né. L'enfant passe par les phases de développement
des ancêtres de la nuit des temps géologiques. A l'époque
tertiaire, la variété animale, qui devait être la souche du
genre humain, s'est différenciée de sa congénère, dont les
représentants sont aujourd'hui les singes anthropomor-
phes. Depuis cette période reculée, dont la géologie
nous montre la trace dans les terrains antérieurs aux
quaternaires, les variétés de ces deux espèces sœurs n'ont
fait, par transformations successives pour s'adapter au
milieu, que de se différencier l'une de l'autre de plus en
plus.

L'humanité primitive, comme l'enfant, ne parlait pas.
Elle se servait du cri pour communiquer sa pensée. Le
premier progrès à été d'imiter les bruits des choses pour
les indiquer. Cette imitation du son naturel du vent, du
fleuve, de la mer, du tonnerre a constitué les premiers
mots articulés. Le langage était né ; il s'est développé
lentement avec les siècles, à mesure que des besoins
nouveaux nécessitaient un mot nouveau, une onomatopée
nouvelle. Comme nous, de nos jours, elle créait à peine
un mot par siècle.

L'humanité primitive n'avait pas plus le sentiment de
la pudeur que l'enfant de dix-huit mois.

L'humanité primitive n'avait pas plus que l'enfant la
faculté d'abstraction. Son langage d'une dizaine de mots
ne constituait pas un symbolisme suffisant pour les opéra-

tions mentales. La pensée, comme chez l'enfant, était une association d'images visuelles, auditives, motrices, dans laquelle les rares mots du langage articulé étaient intercalés. Il a fallu des milliers de siècles, de cette vie de frugivore inconscient et indifférent de lui et de l'univers, pour aboutir, par sélection naturelle, par adaptation au milieu ambiant, par l'effort de la lutte pour l'existence, à s'intéresser au déterminisme des faits, à l'observation.

Arrivée à cette phase de transformation, par le développement du langage conjointement à la faculté d'abstraction, l'humanité a réellement commencé à être séparée de l'animalité originelle. Il y a eu alors entre elles la distance d'une espèce à l'autre.

Les modifications du milieu l'ont forcée à devenir chasseresse, pêcheuse, puis pastorale, agricole et industrielle. Chacune de ses adaptations à un genre de vie nouvelle, développait et ses aptitudes physiques et ses facultés psychiques ; mais chaque progrès physique ou intellectuel a exigé des milliers d'années.

L'écorce terrestre résume l'histoire de la planète. Chacun de ses terrains est pour ainsi dire une page où est inscrite les événements d'une époque géologique. La lecture de cette histoire de la nature se fait à l'aide de deux certitudes : évolution de l'être vivant, indestructibilité de la substance et de l'énergie. Transformation, jamais apparition spontanée.

Les périodes dévoniennes, carbonifères, permiennes sont riches en invertébrés et poissons.

Ceux-ci deviennent des sauriens, des oiseaux et même des mammifères pendant le trias, le jurassique et le crétacé.

Avec l'éocène prennent forme les mammifères rongeurs, pachydermes, carnassiers, herbivores, cétacés, etc. Mais, comme on a découvert dans le miocène de Toscane l'oréopithèque, et dans le pliocène le dolichopithèque et le dryopithèque, le primate bipède et frugivore, d'où devaient provenir de nombreuses variétés de pithèques et de nombreuses variétés d'anthropopithèques, cette espèce mère, future des deux espèces distinctes aujourd'hui, les hommes et les singes, cette espèce mère ou ce genre anthropoïde existait déjà certainement dans l'éocène.

A la fin du tertiaire, dans l'éolithique de Thenay et de Puy-Courny, les pierres ou silex éclatés sont les traces industrielles d'un homme, en somme, bien plus rapproché de nous au physique et au moral que du pithécanthrope du pliocène. Et cependant cette humanité primitive de la fin du tertiaire a mis des milliers d'années à parcourir sa vie chelléenne, acheuléenne, moustérienne, solutréenne, magdaléenne, etc., avant d'atteindre l'aurore de l'histoire avec la pierre polie et l'âge du bronze.

L'homme en son évolution ne diffère pas des autres êtres. Quant à sa raison, il l'a acquise, comme l'oiseau a appris par nécessité à construire son nid, et la fourmi à s'organiser en cité.

La substance et l'énergie sont indestructibles ; donc elles renferment en elles-mêmes la vie et la conscience, comme la nébuleuse renferme en elle-même l'agencement en noyaux futurs, soleil et planètes.

A cela, pas de pourquoi. Cela est parce que cela est.

Telle est la vérité résultant de la philosophie ; la certitude probable déduite des certitudes scientifiques ; le plan d'ensemble interprétatif de l'univers, d'après l'observation expérimentale ; la synthèse de nos connaissances basées sur la sensation, non sur le sentiment.

C'est là l'œuvre de l'esprit humain.

MÉTAPHYSIQUE

Mais l'immense majorité des hommes ignore les lois scientifiques de l'identité de substance dans l'univers, et de la conservation de l'énergie. Seule, une infime minorité de savants admet que l'humanité est, sur terre, la parcelle de l'univers conscient de lui-même. La généralité, orgueilleuse de sa puissance intellectuelle, de sa faculté d'abstraction, reste insatisfaite de la synthèse des certitudes bornées au déterminisme des faits et à leurs enchainements ; elle veut une réponse au pourquoi du pourquoi. Pour obéir à ce besoin inné de tout expliquer, elle accepte des interprétations transmises de générations en générations, dépourvues de point d'appui scientifique,—interprétations plus consolatrices que probables, qui constituent ce qu'on appelle la métaphysique.

Qu'est-ce que l'univers ? Qu'est-ce que l'homme ? Voilà ce que l'humanité veut savoir. Pourquoi ce qui est existe-t-il ?

A la fin de l'époque géologique tertiaire, ou au commencement des Temps quaternaires, l'espèce animale, qui, avec le concours de la sélection naturelle, de l'influence du milieu ambiant et l'effet des siècles, devait aboutir à l'humanité actuelle, acquit la faculté d'abstraction, concurremment avec celle du langage articulé. Depuis lors, elle a observé et recherché le déterminisme des faits.

Elle se posa la question : « Qu'est-ce que je suis ? Qu'est-ce qui est autour de moi ? » Les réponses furent métaphysiques. L'observation scientifique et la philosophie devaient venir des milliers d'années plus tard, et ce furent les Grecs qui en posèrent les premiers principes.

L'humanité primitive de la nuit des temps quaternaires nous est peu connue, mais elle persiste en similitude ou en réalité dans les tribus sauvages du continent tertiaire, appelé l'Australie, et dans d'autres tribus d'infériorité mentale évidente. D'après le rapprochement des découvertes archéologiques avec l'étude des sauvages actuels, on se rend compte que nos ancêtres préhistoriques ont été, à un moment donné, fétichistes et spiritualistes.

Ils attribuaient aux objets inanimés, ou animés, une influence heureuse, ou déplorable, sur leurs actes, — influence surnaturelle, occulte et directrice de l'ordre de la nature. Ils respectèrent, puis adorèrent des objets et des animaux.

Cette humanité primitive, en présence de la mort, comprit que l'homme n'agit que parce qu'il est vivant. Or, le souffle, la respiration étant le signe de la vie, elle attribua à ce signe la cause de la vie. Le souffle devint le principe de l'animation, — l'âme —; la respiration fut le principe de l'esprit — *spirare, spiritus.*

L'homme se crut double, comme il crut que les objets protecteurs, ses fétiches, étaient doubles.

Il respecta l'âme du mort en lui élevant une habitation, un tombeau.

Il attribua à l'âme de ses parents une influence protectrice, une puissance d'intervention sur la réussite de ses actes, comme il croyait à l'intervention des fétiches en sa faveur.

Cette métaphysique nous fait aujourd'hui sourire. Pourtant quand on cherche à s'en rendre compte, elle contenait une certaine réalité, un élément vrai dont nos précurseurs ne se doutaient pas. L'âme des parents morts n'intervient pas dans le gouvernement du monde, mais leur pensée nous a été transmise par hérédité de leurs aptitudes, acquises d'âge en âge, avec leur système nerveux, et aussi par l'instruction qu'ils nous ont donnée durant leur vie. La reconnaissance des enfants envers leurs père et mère est donc bien légitime. Et, en un certain sens, ils continuent l'âme de leurs générateurs. Quand l'humanité primitive croyait que ses actes, ses pensées, dans une entreprise, étaient dus à l'intervention directe des ancêtres qui les protégeaient directement, elle n'errait pas absolument ; la part de la vérité se réduisait à ceci : transmission du système nerveux par hérédité des ascendants aux descendants.

Quant au fétichisme, il a son origine dans la coïncidence de deux faits : la présence d'un objet au moment de la réussite d'une action. L'homme primitif attribua, par association d'idées, son succès à la chasse, ou dans le combat, à l'intervention d'un objet présent à la lutte pour l'existence ; et il crut que ce dernier avait la puissance d'influencer l'ordre de l'univers en sa faveur ; il lui voua une reconnaissance ; et même il l'emporta sur lui pour en recevoir une protection au moment voulu. C'est bien là une simple association d'idées qui a persisté jusqu'à nos jours. Le gris-gris du sauvage s'est transformé en idoles, puis en objets de piété.

Nous voyons certaines personnes religieuses porter des amulettes, des scapulaires, et s'en croire protégées. Elles attribuent à ces objets une intervention efficace en leur faveur, alors que, par simples associations d'idées, ces objets provoquent, dans leur esprit, des souvenirs, des pensées, des raisonnements d'une nature particulière, ce qui console, ou ranime leur courage dans des occasions difficiles et périlleuses. Les psychologues appellent cela un réflexe psychique.

Ainsi l'homme préhistorique peupla la forêt, la prairie, la montagne, la mer, le fleuve, le ciel, avec l'esprit de ses ancêtres, et avec la puissance surnaturelle de ses fétiches, parce que pour lui, rien n'est fortuit. Son ignorance absolue lui fait rapporter à lui-même tous les phénomènes de la nature. S'il rencontre des fruits dont il se nourrit, s'il pleut, s'il fait chaud, s'il découvre une caverne pour s'abriter, il croit le devoir à son gris-gris, ou au génie protecteur de sa famille. Bien plus, il attribue ses propres sentiments aux puissances invisibles à la dépendance desquelles il se croit livré. Le tonnerre est la voix d'une puissance irritée, la fureur du vent est le courroux du maître de l'air. Ses dieux ont ses passions, sa haine, sa vengeance, sa cruauté ; ou bien sa bienveillance : il l'appelle providence. La fécondité naturelle de la terre, la lumière et la chaleur du soleil ne peuvent être dus qu'à une divinité propice.

Chaque force devint un dieu régissant le ciel, la terre et les hommes.

La métaphysique fut polythéiste, c'est-à-dire à divinités multiples, soit bonnes, soit mauvaises.

La conséquence de cette interprétation fut que l'humanité traita les âmes de ses défunts, l'esprit des astres et enfin les dieux comme elle aimait à être traitée. Respect — reconnaissance, — prières et cadeaux ou sacrifices. La base des cultes et des religions est donc le sentiment d'humilité envers une puissance surnaturelle — la reconnaissance, qui offre le cadeau ou le sacrifice — et la soumission à ce qui arrive, puisqu'on le suppose envoyé par le dieu qu'on a prié.

Cette métaphysique, dont le principe est le dualisme de l'univers, a été affinée, perfectionnée, dans le cours des temps historiques ; le grossier fétiche est devenu une puissance surnaturelle, celle-ci est devenue un être intelligent, une divinité ; enfin, les dieux se sont réduits à un

seul, seigneur d'une tribu ou d'un peuple. Ce dernier est
en voie de supplanter tous ses congénères et finira par
être le même pour tous les hommes, blancs, jaunes,
olivâtres, ou noirs.

La Bible nous montre très bien l'évolution de la divinité. La première ligne de ce livre apprend que les dieux
au commencement créèrent le ciel et la terre. Elohim, les
dieux. Le pluriel est devenu un singulier dans la traduc-
tion ou transcription.

Quand le peuple d'Israël écrivit les traditions cosmogo-
niques qu'il avait rapportées de Chaldée, relatives à la
métaphysique de la race sémitique, il croyait encore, non
plus à des fétiches, mais aux puissances surnaturelles, et
il employa le mot pluriel Elohim, les Eloh, les puissants,
les dieux. Plus tard, il fusionna tous ces « esprits » en
une seule divinité protectrice, à laquelle il donna le nom
de Jahvé, ou Jehova, le Dieu d'Abraham, d'Isaac, du
peuple d'Israël, le cruel Dieu des Juifs. Quand on
traduisit ou retranscrivit la Bible, on remplaça les noms
d'Elohim et de Jehova par « Adonaï », le Seigneur, souve-
rain maître et créateur du ciel et de la terre du peuple
juif, un Dieu national. Le christianisme propagea en
Europe la métaphysique juive ; et le dieu national d'une
tribu sémitique devint le Dieu des populations euro-
péennes. A notre époque, le Dieu des Chrétiens et le Dieu
de Mahomet, tous deux dérivés des Elohim d'Israël, ne
diffèrent guères du Jehova de la Bible ; tous trois tendent
à la fusion en un être unique dans la métaphysique
moderne, dont le principe fondamental est le dualisme de
l'univers.

Cette métaphysique est la base de croyances consolatrices pour l'humanité, mais est-elle appuyée sur les
observations de la science ? C'est ce qu'il faut examiner.

La métaphysique juive est toute résumée dans les
premiers mots de la Bible : « Au commencement, Dieu

créa le ciel et la terre. » Elle pose en principe que l'univers a eu un commencement et qu'il est l'ouvrage d'un être antérieur et supérieur à lui. L'univers est double : Le monde et Dieu.

Ce principe que le ciel et la terre sont des créations repose-t-il sur un fait scientifique ?

Aucun. Au contraire, toutes les sciences de la nature, depuis l'étude des astres du ciel jusqu'à celle de notre planète, nous conduisent à cette certitude que tout se transforme par évolution. La Géologie nous montre comment notre terre est devenue ce qu'elle est aujourd'hui ; la paléontologie, comment les végétaux et les animaux se sont succédés en se modifiant d'une espèce à l'autre ; les sciences anthropologiques, comment l'homme lui-même reproduit, avant de venir au monde, durant sa vie embryonnaire, les phases des espèces animales d'où l'humanité provient ; et comment nos races actuelles ont été précédées par d'autres aujourd'hui disparues, mais représentées par des ossements vieux de plusieurs centaines de milliers d'années, puisqu'ils sont antérieurs à l'époque glaciaire, quand les glaciers du Mont-Blanc s'étendaient jusqu'au confluent du Rhône et de la Saône.

En y réfléchissant, on se rend compte que le mot création a deux significations différentes : donner une forme à quelque chose ; produire quelque chose sans matériaux préexistants. La première a un sens réel. L'ouvrier donne une forme au marbre et crée une statue, le dessinateur reproduit un modèle.

La seconde signification est un non-sens scientifique, parce que jamais l'homme n'a constaté qu'une chose puisse succéder au néant. Le *Rien* n'existe pas dans l'univers. Entre les astres il y a l'éther. La chimie nous démontre que la substance est indestructible.

Parler de création, dire que l'univers a eu un commencement, qu'avant lui il y avait le néant, aucune substance, c'est donner une explication métaphysique qui n'a pas plus de fondement que le fétichisme, l'attribution, aux objets, d'une intervention intelligente dans l'ordre de la nature, ou l'attribution d'une personnalité au vent et à la lune.

Dans cette explication de l'existence de l'univers par la création, l'homme compare le ciel et la terre à son propre travail, tout en perdant de vue, bien entendu, que l'homme façonne la matière et qu'il est incapable de produire quelque chose avec rien, tandis qu'il suppose que l'univers a succédé au néant. La logique repousse ce malentendu et la bonne foi doit le faire écarter de la discussion.

Donc rien en faveur de cette explication métaphysique que l'univers a eu un commencement, qu'il a été fabriqué, créé sans matériaux.

L'explication métaphysique de l'univers par la dualité se lie avec la croyance de l'homme en sa dualité ; et toutes deux ont pour fondement la distinction de la substance avec l'énergie, distinction qui est le fait de notre esprit.

Comme je l'ai déjà dit : la résistance du caillou me donne la notion de matière, de substance ; sa chute, par le fait de la pesanteur, m'amène à supposer qu'une force est ajoutée à cette substance ; et je conclus qu'il y a dans le caillou deux éléments distincts indépendants l'un de l'autre : l'élément de résistance au contact, la substance, la matière ; et l'élément de force, énergie, puissance d'attraction du caillou par la terre.

Cette dissociation de phénomènes correspond-elle à quelque chose de réel ? Non. Cette dissociation est établie par nous pour la facilité de notre étude ; mais elle est factice, puisqu'il n'y a pas de sensation de résistance sans une sensation correspondante de poids ou d'énergie. Toute substance est énergie ; soit que cette énergie s'exerce d'un astre à l'autre, soit qu'elle s'exerce à la surface d'un astre ou d'une molécule à l'autre.

Existe-t-il dans l'univers une énergie, une force, une puissance, agissant en vertu d'une intention particulière à elle ? L'homme primitif le croyait. Il attribuait au vent, au nuage, à la lumière, à la mer, à la fécondité terrestre, au tonnerre, à la pluie, à la montagne, etc., etc., une énergie douée d'intention bienveillante ou malveillante à son égard. La science n'a jamais constaté cette intervention. Tout est fatal dans l'univers. Et quand l'homme a cru voir le contraire, il a attribué ses propres sentiments aux choses de la nature. Lui a une volonté et une conduite déterminée par des raisons. Nous y reviendrons dans un moment ; auparavant épuisons la critique de la métaphysique basée sur la dualité de l'univers.

Les métaphysiciens ont répondu à l'argument précédent : En effet, l'énergie est inséparable de la substance, mais cela n'est ainsi que parce qu'un être supérieur et antérieur à l'univers l'a voulu ainsi.

La science réplique : cette explication recule le problème sans le résoudre. Nous ignorons la nature de la substance et celle de l'énergie ; nous ignorons ce qu'est l'univers, et à cette inconnue, on en ajoute une autre, celle d'un être antérieur et créateur qui fabrique l'univers et assujettit la matière à la force.

Dans la chute du caillou, l'inconnaissable est la nature de la substance, le silex ; puis la nature de l'attraction exercée par la terre sur le caillou. L'hypothèse que cela est le résultat de l'action d'un dieu ne m'explique pas la première inconnue ; elle en introduit une autre : ce dieu est inconnaissable en son essence, son intervention, son origine, etc. Car dire : « Qu'est-ce que la substance et l'énergie ? C'est l'œuvre de Dieu. Et qu'est-ce que Dieu ? C'est le créateur de la substance et de l'énergie. » Cette façon de raisonner ne satisfait que les enfants. Pour la science, c'est compliquer le problème, non le résoudre. C'est refuser, par pur orgueil, de reconnaître son impuissance.

Pourquoi l'esprit humain tient-il tant à cette métaphysique ? Parce que l'homme croit à la dualité de sa nature. Je vais y revenir.

Dans cette hypothèse métaphysique de la nécessité d'un être surnaturel antérieur et créateur pour expliquer l'univers, on peut faire deux suppositions argumentatives :

1° Ou bien, cet être a réglé les actions de l'univers dès le début et il n'intervient plus ; 2° ou bien, après avoir créé, il continue à tout gouverner.

Dans le premier cas, Dieu contemple l'évolution fatale de son œuvre. On se demande alors à quoi sert cette hypothèse. Elle explique le commencement de l'univers, rien autre. Mais, en réalité, nous restons dans les ténèbres métaphysiques ; car, si ce n'est pas le début de l'univers qui est obscur, c'est assurément la nature de l'être antérieur à lui. Pourquoi l'a-t-il créé ? — Pour prouver son existence ? Etait-ce nécessaire ? C'est une réponse enfantine, puisque c'est comparer cet être à un homme qui a besoin de prouver sa capacité en réalisant une œuvre d'art.

Que le caillou tombe par la décision d'un Dieu, ou parce que terre et caillou ne peuvent pas ne pas agir l'un sur l'autre, mon entendement n'en est pas plus éclairé dans la première hypothèse que dans la seconde ; et le problème est insoluble.

Dans le second cas, celui de l'intervention constante d'un dieu dans les choses de l'univers, l'invraisemblance est encore plus manifeste.

En effet : Dieu à chaque instant commande à l'énergie, par exemple, au caillou de tomber ; au soufre et au fer, de se combiner en sulfure de fer ; au moustic de m'inoculer la malaria ; au microbe, de s'arrêter dans mon intestin pour me donner la fièvre typhoïde. Que devient la puissance divine quand le chimiste ou le médecin arrête l'épidémie ? Dira-t-on que l'homme agit aussi par ordre de Dieu ? Mais alors il y aurait contradiction et ce Dieu se ferait opposition à lui-même : il mobiliserait une énergie pour l'anihiler. Il mettrait en mouvement le moustic pour me donner la fièvre intermittente, et en même temps il me conduirait chez le pharmacien pour y acheter du sulfate de quinine. Cela ressemblerait par trop à l'amusement du bébé avec son arche de Noé. La métaphysique tomberait dans l'absurdité et reviendrait à son point de départ, au fétichisme.

J'arrive maintenant à la dualité de la nature humaine.

Quand l'humanité primitive a cru que la différence entre un homme vivant et son cadavre résidait dans la séparation du principe animé d'avec les organes inertes du défunt, elle s'expliquait sa propre nature par une hypothèse métaphysique spiritualiste.

Ce n'est qu'avec le temps que ce principe animé, l'âme, est devenu quelque chose d'indestructible, d'immortel, conservant l'intelligence, le sentiment, la volonté — le double de nous-mêmes.

Anatole France, dans le « Jardin d'Epicure », a fait l'historique des croyances de l'humanité relatives à l'âme, en faisant parler les ombres des ancêtres réunies autour de Minos.

Qu'est-ce que l'âme ?

LE POLYNÉSIEN. — L'âme est un souffle, et quand je me suis vu sur le point d'expirer, je me suis pincé le nez pour retenir mon âme dans mon corps. Mais je n'ai pas serré assez fort et je suis mort.

LE PEAU-ROUGE. — Ma femme est morte malgré qu'on eût mis sur ses lèvres la main de son petit enfant pour la retenir. Il était trop tard, son âme glissa entre les doigts du pauvre innocent.

PLATON. — L'âme est triple. Nous avons une âme très grossière dans le ventre, une âme affectueuse dans la poitrine et une âme raisonnable dans la tête. L'âme est immortelle. Les femmes n'ont que deux âmes ; il leur manque la raisonnable.

UN MEMBRE DU CONCILE DE MACON DE 585. — Platon, vous parlez comme un idolâtre. Le concile de Mâcon, à la majorité des voix, accorda une âme immortelle à la femme.

ARISTOTE. — A mon compte, je trouve cinq âmes chez l'homme et les animaux : 1° la nutritive ; 2° la sensitive ; 3° la motrice ; 4° l'appétitive ; 5° la raisonnable. L'âme est la forme du corps. Elle le fait périr en périssant elle-même.

ORIGÈNE. — L'âme est matérielle et figurée.

SAINT AUGUSTIN. — L'âme est incorporelle et immortelle.

HEGEL. — L'âme est un phénomène contingent.

SCHOPENHAUER. — L'âme est une manifestation temporaire de la volonté.

DESCARTES. — J'ai établi solidement que l'âme est spirituelle.

LE GRAND ALBERT. — Il y a trente arguments contre l'immortalité de l'âme et trente-six pour, soit une majorité de six arguments en faveur de l'affirmative.

LE RABBIN MAÏMONIDE. — Il est écrit : « Le méchant sera détruit et il ne restera rien de lui. »

JEAN SCOTT. — La mort fait rentrer les êtres en Dieu comme un son qui s'évanouit dans l'air.

BOSSUET. — Origène et Jean Scott tiennent ici des discours dégouttants des poisons de l'erreur. Les damnés gémiront sur des lits de flammes, au sens précis et littéral.

SAINT AUGUSTIN. — C'est la vraie chair des damnés qui souffrira dans les siècles des siècles, il y a des chairs qui se conservent dans le feu.

SUMANGALA. — Tout cela est noir des ténèbres de l'occident. La vérité est que les âmes passent dans divers corps avant de parvenir au bienheureux nirvana qui met fin à tous les maux de l'être. Gautama traversa 550 incarnations avant de devenir Bouddha ; il fut roi, esclave, singe, éléphant, corbeau, grenouille, platane, etc.

L'ECCLÉSIASTE. — Les hommes meurent comme les bêtes et leur sort est égal. L'homme n'a rien de plus que la bête.

TACITE. — L'âme des grands citoyens n'est point périssable ; mais on offense la majesté des dieux en supposant qu'ils accordent l'immortalité aux âmes des esclaves.

CICÉRON. — Je me demande si moi-même je suis immortel autrement que par la mémoire de mon consulat qui durera toujours.

SOCRATE. — Je crois à l'immortalité de l'âme. C'est un beau risque à courir.

VICTOR COUSIN. — L'immortalité de l'âme que j'ai démontrée avec éloquence est principalement une nécessité morale ; car si l'âme n'est pas immortelle, la vertu ne peut pas être récompensée.

SÉNÈQUE. — La récompense des bonnes actions c'est de les avoir faites, et aucun prix de la vertu ne se trouve hors d'elle-même.

PLATON. — A la mort, l'âme du méchant va habiter le corps d'un animal inférieur ; l'âme du sage se mêle au chœur des dieux.

L'ESQUIMAU. — Dieu est très bon pour les riches et très méchant pour les pauvres.

UN BOUDDHISTE CHINOIS. — Tout homme a deux âmes, l'une bonne qui se réunira à Dieu, l'autre mauvaise qui sera tourmentée.

ARISTOTE. — Les animaux ont une âme comme nous. Cette âme est en rapport avec leurs organes.

DESCARTES ET MALLEBRANCHE. — Non pas. Ce sont des machines.

EPICURE. — Leur âme est comme la nôtre périssable et sujette à la mort.

PYRRHON. — Qu'est-ce que la vie ?

CLAUDE BERNARD. — La vie, c'est la mort.

Arrêtons-nous à cette affirmation qui, sous l'apparence d'un paradoxe, traduit cette certitude que la substance et l'énergie sont indestructibles.

La science nous montre en effet les éléments simples, carbone, oxygène, hydrogène, azote, etc., constituer le végétal ; celui-ci, alimenter l'animal ; l'un et l'autre, se décomposer pour redevenir la base de la nutrition de tout ce qui vit. Le vivant vit aux dépens du mort. Il n'y a que des compositions et des décompositions chimiques. De même pour les astres ; la lune est un astre mort ; la terre ne vit que par le soleil ; le soleil finira par s'éteindre ; tout son système planétaire, devenu comme lui obscur, continuera son mouvement, inaperçu par les habitants des soleils voisins, je veux dire, de leurs satellites analogues à notre terre. Et ces astres obscurs et froids, lancés dans la nébuleuse lactée, se heurteront à d'autres astres, éteints comme eux peut-être ; du choc naîtra une nouvelle vapeur astrale, qui recommencera une vie brillante de nébuleuse, étoile et planètes, etc. Car ce qui est, a été, et sera.

Mais pour en revenir à l'âme, cette divergence d'opinions prouve que la notion qu'on s'en fait ne provient pas d'une sensation, mais d'un sentiment. Par conséquent, divergence et incertitude.

La certitude de son existence fait défaut, précisément, parce que la croyance à sa réalité repose sur un sentiment, non sur un phénomène psychique susceptible d'être contrôlé et mesuré, la sensation.

Les hommes peuvent être en désaccord sur ce qu'est la lumière ou les rayons X, mais non sur la réalité de ceux-ci, sur la réalité de quelque chose qui provoque telle sensation appelée lumière ou rayon X.

Il n'en est pas ainsi pour l'âme. C'est le souffle, pour l'homme primitif ; la raison, pour les Grecs ; le principe de la vie, pour l'Indou croyant à la métempsychose — opinion assez analogue à l'indestructibilité de l'énergie — le sentiment du divin, la conscience de la vie, la volonté, le sens moral, le libre arbitre, l'idéal, pour les métaphysiciens modernes ; une émanation divine, pour les esprits religieux ; le double de nous-mêmes avec l'immortalité, pour certaines personnes. Mais toutes ces opinions sur l'âme ne sont que des expressions de sentiments. Pour approcher de la vérité, il faut s'adresser à l'observation expérimentale, la sensation contrôlée et mesurée, la science de la vie, la biologie, l'étude de l'anatomie et de la physiologie du système nerveux de l'homme. (Voir Soury, le système nerveux central.) Cette étude nous apprend que ce que nous appelons âme est l'ensemble des fonctions du système nerveux. La science n'a jamais constaté la dualité de notre nature.

La nature humaine, pour satisfaire ce besoin inné d'interpréter tout, s'est figurée que l'univers et l'homme sont doubles : la substance inerte, et l'énergie indépendante d'elle. Et c'est sur ce dualisme élémentaire que l'homme a construit ses interprétations métaphysiques de l'univers et de l'homme, en imaginant la divinité créatrice et l'âme immortelle — interprétations qui ont abouti à des croyances consolatrices pour l'humanité, depuis qu'elle est devenue consciente d'elle-même. Malheureusement pour nous, ces croyances sont indémontrables, et nous les conservons par besoin, comme l'estropié se sert d'une béquille ; chacun, suivant sa mentalité propre, adopte ce qui lui convient, incapable d'en démontrer la réalité à son voisin, mais satisfait du point d'appui que lui fournit son sentiment.

Cette métaphysique *a été* et *elle est* encore notre consolation, malgré que la science n'en laisse rien subsister, toutes les conquêtes scientifiques la réduisent à l'état d'illusion.

LA NOTION DU MOI ET L'AME

Tous les métaphysiciens sont tombés dans cette erreur de raisonner que l'homme existe d'une manière abstraite : ils ont attribué leurs propres sentiments, leurs aptitudes mentales à tous les hommes, et ils ont décrit le moi humain, comme on décrit le Mont-Blanc. C'est là un trompe-l'œil. L'humanité se compose d'individualités différentes suivant le temps, le lieu, la race, l'âge, le sexe, le tempérament, l'ignorance, la culture, la croyance, l'infirmité ou la santé du système nerveux.

En outre, tous les métaphysiciens perdent de vue que l'humanité est l'organisme de l'univers conscient de lui-même sur la planète terre, parce qu'ils oublient, en faisant de la métaphysique, que l'énergie et la substance sont indestructibles.

Le moi est un mot qui résume une explication méta-physique, par laquelle l'humanité désigne la conscience de sa propre existence en chacun de ses représentants.

Les métaphysiciens ont attribué, à cette sensation consciente de la vie, l'indivisibilité et la perpétuité de la personnalité humaine, parce que l'homme les affirme en disant : « Moi, je sens, je vis, je pense, je me souviens d'être toujours le même », alors qu'il devrait dire : « En moi, l'univers sent, pense et raisonne. » Le moi n'est pas un principe ; un fait déterminant ; mais le fait déter-miné — la résultante des fonctions du système nerveux. Les médecins l'ont démontré par leurs études en histo-logie, en physiologie, psychologie et pathologie nerveuses. Les aliénistes ont décrit des états d'altération de la person-nalité et de dédoublement du moi. Ainsi, dans le somnam-bulisme, le sujet a deux *moi*. Par suggestion, les hystériques changent de personnalité. Certains aliénés se croient en même temps être un tel et un grand personnage ; par exemple, Jacques Bonhomme et le président de la République.

L'unité du moi est inacceptable, parce qu'elle ne concorde ni avec les données de la science, ni avec l'observation des états de la conscience.

Au début de la vie, l'enfant a une personnalité instable et fugace qui oublie ce qu'elle était la veille. A sept ans, il n'est plus le même être, ni corporel, ni mental, qu'il était au berceau.

L'homme de soixante ans est parfois tout l'opposé du caractère qu'il avait à l'âge de vingt ans. Le malade de corps modifie son moi, et le malade d'esprit le change du tout au tout.

Le moi est une *variable* psychologique. La personnalité humaine est une résultante en fonction du système nerveux, de son éducation, de ses aptitudes transmises par hérédité, de ses infirmités acquises, de ses souvenirs, etc. Sa continuité est une illusion provenant de la ressemblance à soi-même donnée par l'habitude, et de la répétition d'actes automatiques déjà accomplis.

L'altération fonctionnelle du système nerveux est le facteur primordial de cet état de conscience appelé responsabilité et puissance d'agir d'une façon de préférence à une autre. Car depuis l'idiot complet, dépourvu, par une infirmité congénitale, de la parole et de la pensée, la médecine nous montre une progression d'êtres humains chez lesquels le moi va croissant jusqu'aux plus grands génies, progression en raison directe de l'intégrité du système nerveux. La science nous démontre donc que le moi est une variable psychologique.

Elle nous démontre aussi que l'âme n'est pas le souffle, qui est la conséquence non le principe de notre vie. L'âme n'est pas non plus la raison, puisque l'idiot en est dépourvu ; elle n'est pas non plus la conscience de sa propre existence, puisque l'homme évanoui perd cette conscience sans perdre la vie ; elle n'est pas le sens moral, puisque l'aliéné en est privé et personne n'a prétendu que le fou soit un homme sans âme ; elle n'est pas l'intelligence, puisque l'enfant nouveau-né ne la possède pas ; elle n'est pas l'ensemble des réflexes organiques inconscients. Serait-elle la sensation ? Rappelons que la sensation et le sentiment sont intimement associés à leur origine. Pas de sensation nouvelle sans sentiment ; pas de sentiment nouveau sans sensation.

Il est possible que toutes les croyances sur l'âme renferment chacune une part de vérité.

Rappelons que la substance et l'énergie sont indestructibles et que leurs modes ne sont que les manières dont elles impressionnent nos organes. La lumière, l'électricité, la gravitation, la pesanteur, l'affinité, l'élasticité, etc., nous paraissent des forces particulières, tandis qu'elles ne sont que des formes de l'énergie universelle, suivant que la substance impressionne nos organes de façons différentes, en raison de sa complexité et de ses modifications.

Observons, par exemple, l'eau. Chacun de ses éléments, oxygène et hydrogène, a un mode particulier d'impressionner nos organes. Chacun a son énergie qui n'est qu'une forme de l'énergie universelle. Et leur composé, l'eau, H_2O, a lui aussi son mode d'énergie, qui n'est plus ni celui de l'hydrogène, ni celui de l'oxygène. Mais la décomposition de eau en ses corps simples constitutifs fait disparaître l'énergie particulière à l'eau, et reparaître celles de l'hydrogène et de l'oxygène. Des enfants diraient : l'eau a une âme et cette âme est immortelle. Des personnes instruites traduiront le fait en disant : quand la substance universelle s'offre à nous sous la forme d'eau, l'énergie universelle s'offre à nous sous la forme aquatique ou hydrique. Quand la substance universelle a la forme hydro-

gène, l'énergie a la forme hydrogénique. L'indestructibilité de la substance et la conservation de l'énergie, par
voie de mutation en formes différentes, est une certitude
qui conduit à admettre la transformation de l'énergie en
la vie et en ses manifestations psychiques pour la substance organisée en animal. A la substance vivante animale
correspond l'énergie dite irritabilité consciente.

L'être vivant a un mode d'énergie particulier, l'irritabilité : pourquoi l'irritabilité ne serait-elle pas une forme de
l'énergie universelle comme l'élasticité ? L'animal a une
irritabilité consciente. Pourquoi cette conscience ne serait-
elle pas une forme spéciale de l'énergie universelle ?
L'homme a l'irritabilité dans ses réflexes organiques ; la
conscience, dans ses sensations et ses sentiments ; et la
faculté de coordonner ses états de conscience pour
rechercher le déterminisme, la raison, en un mot. Pourquoi, étant composé d'azote, carbone, oxygène, hydrogène, etc., substance et énergie de l'univers, échapperait-
il à la loi de la conservation de l'énergie par voie de mutation en modes différents ? Pourquoi, par le fait d'un
arrangement plus compliqué de sa substance vivante,
l'énergie propre à cet arrangement ne prendrait-elle pas
la forme psychique : sensation, sentiment, raison ? Il veut
bien qu'il en soit ainsi pour son chien ou son singe ; mais
pour lui, il n'en veut convenir. Pourquoi ?

Pour échapper à la loi qui régit la substance et l'énergie,
il imagine des systèmes métaphysiques : la création, le
gouvernement de l'univers par une Providence ; la vie au-
delà de la tombe ; la justice, après la mort, distribuée par
un Dieu ; la récompense et le châtiment de l'âme, etc.,
etc.

« Mais il ne faut pas demander de logique aux solutions
« que l'homme imagine pour sortir de l'intolérable destinée
« qui lui est échue.

« Invinciblement porté à croire au juste, et jeté dans

« un monde qui est l'injustice même, ayant besoin de
» l'éternité pour ses revendications, et brusquement
« arrêté par le fossé de la mort, que voulez-vous qu'il
« fasse ? Il s'accroche au cercueil, il rend la chair à l'os
« décharné, la vie au cerveau plein de pourriture, la
« lumière à l'œil éteint ; il imagine des chimères dont il
« rirait chez un enfant, pour ne pas avouer que son
« Dieu a pu se moquer de lui jusqu'à lui imposer le
« fardeau du devoir sans compensation. » (E. Renan.
*Histoire des Origines du Christianisme, l'Eglise chré-
tienne*, p. 139).

Pauvre humanité ! bien plus heureuse dans son ignorance
et sa foi fétichiste ! on pouvait lui dire alors avec raison :

Heureux les pauvres en instruction, le royaume des cieux est à eux.

Mais depuis que Galilée a trouvé que l'homme n'est
plus le centre de l'univers ; depuis que Lavoisier a fondé
la chimie ; depuis que les savants ont démontré l'identité
de substance et son indestructibilité dans notre corps et
dans les étoiles du ciel, l'esprit humain se cramponne à
ses illusions métaphysiques, à ses rêves consolants d'outre-
tombe.

Il est indubitable que nous aimerions que cela fût.
Bien plus, il faudrait que cela soit. Mais cela est-il ? A
cette question posée depuis des milliers d'années, on a
répondu oui et non, sans aucune preuve à l'appui, dans
un sens plutôt que dans l'autre.

Pourquoi alors l'homme persiste-t-il dans ses croyances
dépourvues de certitude ? Parce qu'il y trouve une consolation et un appui pour son amélioration morale.

Ainsi, plus la science progresse, plus la métaphysique
chancelle.

La réalité est celle-ci : les certitudes de la science sont
limitées au déterminisme.

La philosophie construit un ensemble logique de proba-

bilités, mais insatisfaisantes pour la nature humaine, qui
voudrait qu'il y eût une justice après la mort, parce que
celle-là n'existe pas dans l'univers.

La métaphysique reste une source de croyances consolatrices et bienfaisantes pour le progrès moral de l'humanité. Mais la métaphysique, c'est l'illusion, car elle est en
dehors de la certitude.

Chacun a son illusion consolatrice. Chaque race a ses
croyances. Respectons-les même quand elles nous paraissent enfantines, naïves, dépourvues de bases sérieuses,
parce que l'homme a le grand tort de juger son voisin
d'après lui-même. Il croit toujours qu'un oriental est un
individu différent de lui, parce que né en Orient ; qu'un
jaune est un esprit européen dans un corps d'une autre
couleur ; qu'un noir ne diffère du blanc que par la couleur de la peau, etc. Ce sont là de grossières erreurs. La
race ne croit pas ce qu'elle veut, mais ce qu'elle peut.
L'esprit ne sent pas ce qu'il veut, mais suivant l'état de
son système nerveux. Les hommes sont loin d'être tous
au même niveau intellectuel, sentimental et moral. Le
seront-ils jamais ? C'est improbable.

Laissons de côté, dans un même peuple, les infirmes
de l'intelligence et de la moralité. Les croyances métaphysiques, précisément parce qu'elles sont en dehors de
toute certitude, forment des conceptions idéalistes qu'on
admet ou rejette sans discussion possible. Il est aussi
impossible à un Indou d'amener un Européen à croire à
la métempsychose qu'à un Européen de décider un Indou
à abandonner sa croyance à la transmutation des âmes,
sans instruction scientifique préalable, bien entendu ; il
est aussi impossible d'élever le niveau intellectuel de
l'Australien indigène que de faire un chien de chasse
avec un chien berger sans le concours des siècles.

Peu importe ce qu'on croit. L'essentiel est que votre
croyance vous enseigne la bonté envers vos semblables.

Quant à imposer la foi par la guerre, c'est un état dont l'humanité tendra, espérons-le, de plus en plus à s'écarter par orgueil, si ce n'est pas par bonté native et acquise par hérédité ancestrale. L'homme répugne à se conduire comme les fauves, bien plus pour ne pas être considéré par ses semblables comme une bête sauvage que par vraie affection native pour autrui.

Pour conclure : La science est la certitude ; la philosophie, la vérité probable ; et la métaphysique, la consolation.

Il serait aussi injuste et inhumain d'enlever la consolation à celui qui ne peut s'en passer qu'à priver un aveugle de son chien, ou un boiteux de son bâton.

J'ai discuté un peu longuement le système métaphysique de la dualité de l'univers ; et j'ai montré qu'il avait succédé au système fétichiste, celui de la pluralité des dieux, ou polythéisme. Ainsi l'esprit humain a d'abord cru à autant de dieux différents que de forces différentes : fétichisme et polythéisme. Dans cette synthèse de dieux, la Perse ancienne et d'autres contrées orientales se sont arrêtées à deux dieux, le bon et le mauvais, ce dernier appelé Satan. Ce système est le mazdéisme. Enfin on a réduit le surnaturel à l'unité, le monothéisme.

Mais la synthèse est allée plus loin, elle a fusionné la création et le créateur en un seul être ; c'est le panthéisme, ou l'univers-dieu.

Il y a bien d'autres systèmes, mais ils dérivent de ceux-ci et peuvent tous être ramenés, comme on le voit, à deux principaux :

Séparation du naturel d'avec le surnaturel.	Indivision du naturel d'avec le surnaturel.
Fétichisme. — Polythéisme.	Panthéisme. — Idéalisme.
Spiritualisme. — Mazdéisme.	Matérialisme. — Athéisme.
Monothéisme. — Déisme.	

Aucun de ces systèmes ne repose sur des bases scientifiques. Tous sont fondés sur le sentiment. Nos croyances peuvent avoir pour point d'appui nos sentiments ; elles sont alors métaphysiques et indémontrables ; elles ne sont démontrables, et, par conséquent, vraiment scientifiques, que lorsqu'elles reposent sur un fait sensationnel, vu, touché, entendu, éprouvé dans une certaine manière susceptible d'être mesurée et contrôlée, pour que la certitude universelle soit incontestable.

Voilà pourquoi, depuis des siècles nombreux, l'homme cherche la preuve de l'existence de Dieu. Oh ! il a quantité de preuves métaphysiques, mais pas une observation expérimentale, par un fait scientifique certain. Au contraire, la science renverse de plus en plus ses rêves métaphysiques.

Ceci nous conduit à la morale.

MORALE

Chaque espèce animale a ses mœurs — sa manière de vivre et de se comporter envers les races congénères et les espèces de provenance éloignée. Chaque animal est, dans la lutte pour la vie, compétiteur de son semblable, proie fatale, ou objet indifférent par rapport à une autre espèce. Les mœurs seules de l'espèce humaine constituent ce qu'on appelle la morale.

L'humanité primitive de la nuit des époques tertiaires et quaternaires nous est représentée par le premier âge de l'enfant qui, suivant la loi de l'évolution transformiste, reproduit les phases de l'ancêtre originel. Or, le tout petit enfant ignore le langage, la pudeur, son père, la propriété et toute autorité autre que celle de la force. Les premiers humains devaient probablement être ainsi : n'avoir d'autres sentiments que ceux de plaisir ou de douleur inhérents à la sensation consciente. L'homme n'apprécia le juste et l'injuste, le bien et le mal par rapport à lui, que lorsqu'il eut honte de sa nudité, et qu'il éprouva une affection durable pour son enfant. Ainsi, le sens moral se développa lentement et progressivement en lui, à mesure que le sentiment de la paternité lui fit grouper autour de lui sa progéniture jusqu'à ce que la famille devint tribu. La morale fut la conséquence logique du progrès ; et elle devint la différentiation la plus manifeste, ainsi que le langage articulé, d'avec l'espèce anthropoïde cousine issue de germains.

Quand chaque tribu eut son chef ou patriarche, la morale fut basée sur l'autorité de celui-ci. Mais cette base était fragile, puisqu'elle permet d'opposer une autorité à 'une autre de même nature.

Ce ne fut que dans les temps historiques que l'humanité, ayant progressé en sens moral, songea à faire reposer la morale sur le sentiment altruiste. On raisonna ainsi : Tous les hommes ont le sentiment du juste et de l'injuste, du bien et du mal ; donc l'homme doit chercher en lui-même la voie pour agir envers ses semblables de façon à ne provoquer de leur part aucune protestation contre la violation de leur droit ; ou de façon à pouvoir ériger leurs actes en maximes de législation universelle.

Cet argument est critiquable, parce que l'observation des faits montre que les sentiments varient suivant les âges, les sexes, les temps, les lieux, les races et l'intégrité du système nerveux. Ce qui est de toute évidence, c'est que, dans un même groupe social, il y a des individus dépourvus de sens moral. Comment dès lors faire appel, évoquer un réflexe psychique absent ? Autant vouloir obtenir un son musical en frappant sur une cloche insonore ou un disque de caoutchouc.

Ne pourrait-on pas chercher le fondement de la morale dans la sensation ? Par exemple, la douleur, la souffrance ?

On dit souffrance physique, souffrance morale ; douleur physique, douleur morale ; mais ce sont là des expressions pour indiquer la provenance de la douleur et de la souffrance. En réalité, souffrance et douleur sont un phénomène psychique de conscience qui est toujours, ou qui a toujours été, conjoint à une sensation. C'est une énergie qui est modifiée, ou a été modifiée autrefois par mon système nerveux ; c'est, en d'autres termes, un mouvement transformé, par mes organes, en état de conscience pénible pour moi.

Lorsqu'on m'informe d'un événement attristant, je souffre parce que la sensation présente revivifie une émotion douloureuse éprouvée jadis. Dire à un enfant d'une année que sa mère est morte, cela ne lui causera aucune douleur, il ignore la mort ; mais plus tard il apprendra, ou directement en voyant, ou indirectement, par analogie avec la privation d'une chose aimée, le départ définitif d'une personne chérie. Et cette sensation avec son sentiment conjoint renaîtront à l'annonce de la mort de quelqu'un, parent ou ami.

Par suite de la connexité de tous nos sentiments, à leur origine, avec des sensations, donner pour base à la morale, la douleur ou la souffrance, c'est la ramener à la sensation comme fondement élémentaire, c'est-à-dire au même élément fondamental que la science.

La morale, ensemble des règles de la conduite de l'homme, ses devoirs et ses obligations, peut-elle être basée sur la souffrance ? Je le crois. Il faudrait pour cela établir un ensemble de règles condamnant toujours la provocation illégitime d'une douleur à autrui, excepté les cas pour le soulager, ou pour légitimement protéger sa vie à soi contre ses attaques à lui.

La règle morale deviendrait alors : éviter la souffrance à autrui dans tout autre cas que celui de le soigner ou de se défendre contre lui.

Le corollaire serait : procurer sciemment le bonheur à autrui, le bonheur étant l'absence de souffrance, à défaut de plaisir possible.

L'immoralité serait donc toute souffrance sciemment provoquée à autrui, hors les deux cas de soulagement légitime et de défense personnelle. Et le *criterium* de l'immoralité serait la constatation et le contrôle de cette souffrance illégitime sciemment provoquée.

De là il résulte qu'une chose peut être immorale pour l'auteur de la souffrance et non pour la victime ou inversement ; immorale en un lieu, non en un autre ; immorale à une époque, non à une autre.

La morale, par conséquent, se divise en individuelle, politique et sociale suivant que les actions des hommes concernent les individus entre eux, les états politiques entre eux, ou la société en général.

La morale individuelle précise les rapports de conduite des individus les uns à l'égard des autres. Autant il est difficile de faire comprendre à un enfant ce précepte : « Agis comme si ton action devait servir de maxime à une législation universelle », autant il est aisé de l'instruire, à l'aide de la souffrance, de la conséquence de ses actes envers les autres. Il suffit de la provoquer sur lui, en essayant non seulement une légère douleur physique, mais la souffrance sentimentale, telle que humiliation, chagrin, ennui, privations ; bien entendu, dans une mesure appropriée au but et ne dépassant pas les limites raisonnables. La brutalité dans l'éducation deviendrait immorale, puisqu'on provoquerait sciemment une souffrance illégitime.

Ce qui s'applique à l'enfant s'applique aussi à l'adulte atteint de déchéance mentale, — le criminel-né ou vaurien dépourvu congénitalement de sens moral, — l'homme sauvage ou de race dite inférieure, — tous ceux, en un mot, atteints de daltonisme moral. On appelle en optique daltoniste l'œil qui, par défaut de naissance, ne distingue pas les couleurs les unes des autres. Par analogie, on appelle daltoniste en moralité l'homme incapable de différencier la valeur de cette maxime : « Ne fais pas à autrui ce que tu ne voudrais pas qu'on te fasse » d'avec la valeur de celle-ci : « Ton plaisir est dans la souffrance des autres. »

L'application de la douleur, à l'instruction morale du dégénéré en sentiment altruiste, est le moyen le plus apte

à lui faire comprendre, par expérience personnelle, la
nécessité de ne pas faire souffrir les autres de n'importe
quelle manière.

La maxime : « Ne fais pas à autrui, etc. » est imprécise.
Ne fais pas quoi ? Souffrir, je veux bien ; mais cela com-
porte un rectificatif : excepté le cas de faire souffrir pour
soulager ; autrement, si j'ai la fantaisie de conserver mon
mal, faudra-t-il que je m'abstienne de guérir les autres ?
De même, je ne veux pas perdre la vie, faudra-t-il respec-
ter celle de mon assassin ?

La morale basée sur l'abstention de toute souffrance
illégitime envers autrui est applicable à tous les peuples.
Certaines actions sont immorales pour les Européens
et morales pour les Asiatiques. Ainsi, Kant formule la
morale en ces termes : Agis, comme si ton action devait
servir de maxime universelle. Sur ce principe, le Chinois
pourrait ériger la polygamie en législation universelle, et
le chrétien déclarer que tous les musulmans ou tous les
polygames sont immoraux. Le canaque, qui tue ses
parents pour leur épargner les souffrances de la vieillesse,
pourrait donc prétendre que nous n'avons aucune moralité !

Au contraire, basée sur la souffrance, la morale ne
conduit pas à cette contradiction, puisque le Chinois
polygame n'inflige aucune souffrance à autrui en prenant
plusieurs femmes chinoises. Dans ces conditions, la polygamie est morale en Chine. Elle cesserait de l'être en
Europe.

Cet exemple démontre que la morale est absolue en
son principe basé sur l'abstention envers autrui de toute
souffrance illégitime ; mais que dans son application, elle
devient relative suivant les lieux. Elle est subordonnée aux
mœurs des peuples, à leur constitution mentale. Et le
criterium se réduit à cette recherche : la sensation infligée
est-elle douloureuse ou non ? légitime ou non ? Le contrôle en est facile.

La même base est applicable à la morale sociale.

Ainsi, le mariage est moral, son contraire le célibat ne l'est pas moins. Mais l'un et l'autre seraient immoraux pour celui qui forcerait au célibat ou au mariage, puisque l'emploi de la force serait une source de souffrance pour la victime.

Le sacrifice de sa vie est immoral quand il provoque la douleur d'autrui. Il ne l'est plus si le suicidé ne fait souffrir personne en se donnant la mort, car on est maître de sa vie. Le sacrifice de sa vie devient moral, s'il est accompli pour épargner la douleur aux autres. Tel le soldat qui se dévoue pour la défense de la patrie.

Le jeu est immoral, puisqu'il est l'alternative ou de sa souffrance ou de celle de l'adversaire. C'est être immoral que de provoquer sciemment la souffrance des autres par des procédés financiers et économiques. C'est être moral que d'éviter à autrui les souffrances qui sont la conséquence de l'ignorance.

L'éducation par la souffrance illégitime, brutale, exagérée, est immorale. Il ne faut pas frapper les enfants pour les punir, mais ne faire appel à la douleur qu'à titre d'expérience limitée et raisonnable, lorsqu'ils ne comprennent pas que leur conduite engendre la douleur à d'autres. Et, encore dans cette expérience, n'agir qu'avec prudence, pour démontrer, sans risquer de porter atteinte à leur santé.

La pensée de faire souffrir autrui est immorale. Faire souffrir injustement un animal est immoral.

La guerre offensive, même en vue du progrès, est immorale, parce qu'il n'est jamais démontré que le progrès est impossible par d'autres moyens que la mort. Ensuite le mot progrès est discutable. Telle race est inapte à s'assimiler ce qu'on veut lui imposer. Ce qui est pour nous progrès devient pour elle préjudice.

On a dit que la nature est immorale. En tant que

l'ordre actuel des choses ne renferme en lui aucune justice, c'est exact. Mais qu'est-ce que la nature? La résultante de l'énergie. Cette résultante des divers modes de l'énergie universelle s'établit au détriment des êtres organisés, puisqu'ils sont obligés de lutter les uns avec les autres pour exister. L'espèce humaine ne fait pas exception et la nature ne nous évite aucune souffrance, à ce point de vue elle n'est pas morale ; mais c'est la lutte qui a fait naître en nous le sens moral. La nature n'est donc ni bonne, ni mauvaise par elle-même. Le bien et le mal, dans la nature, ne sont qu'un rapport.

On a prétendu que la morale individuelle n'est pas applicable au chef de l'État. L'Angleterre est immorale en plaçant les Boërs dans l'alternative ou de souffrir l'humiliation ou de défendre leur territoire par les armes.

Ces quelques aperçus sur la morale individuelle, sociale, internationale, montrent que la sensation douloureuse peut être facilement contrôlée.

Peut-elle être mesurée?

Si oui, la morale deviendrait une science.

Je reconnais que la mensuration, en ce cas, est chose délicate. Comment soumettre la sensation douloureuse, la souffrance, à une graduation dans l'intensité, le nombre et la durée?

Infliger une douleur illégitime à l'individu est certainement, toute chose égale d'ailleurs, moins immoral que de l'infliger à une famille ; et cette dernière moins immorale que la même infligée à toute une catégorie de personnes ou un peuple. Voilà pour le nombre.

Relativement à l'intensité, la graduation est certainement subordonnée à la personne. Tel préférera la mort au déshonneur. Tel autre subira plus facilement la souffrance d'origine physique. Tel autre sacrifiera la pudeur plutôt que de souffrir en sa chair. Dans nos codes, la graduation des délits et des peines n'est qu'une estimation relative que chacun n'admet pas sans contestation.

Reste la mesure relative à la durée. Elle est certainement plus aisée, puisqu'elle dépend du temps pendant lequel la sensation douloureuse a été subie illégitimement.

Ces considérations indiquent la voie de la recherche pour ramener la morale dans le giron de la science.

CHAMBÉRY — IMPRIMERIE NOUVELLE, AVENUE DU CHAMP-DE-MARS

Contraste insuffisant

NF Z 43-120-14